CATÉCHISME

DU

TRAVAILLEUR-INDUSTRIEL

ET DU

CITOYEN SOCIABILISTE.

CATÉCHISME

DU

TRAVAILLEUR-INDUSTRIEL

ET DU CITOYEN SOCIABILISTE

DÉDIÉ

A LA LOYAUTÉ FRANÇAISE

ET AU BON-SENS NATIONAL,

PAR CH. GOUDENOVE,

TRAVAILLEUR-INDUSTRIEL.

PARIS

IMPRIMERIE CENTRALE DE NAPOLÉON CHAIX ET Cie,
Rue Bergère, 20, près du boulevart Montmartre.
1850

AVANT-PROPOS.

Je ne suis ni un littérateur ni un homme politique.

Je suis dévoué à l'Humanité. J'aime, je vénère ma patrie par dessus tout. Je sacrifierais volontiers cent fois ma vie pour qu'elle fût glorieuse et prospère.

Je gémis donc douloureusement, profondément, quand je vois se détériorer, se désorganiser tous les éléments qui seuls peuvent amener ce résultat.

Mon œuvre, tout infime, toute modeste qu'elle est, peut-elle produire quelque bien au milieu de cette atmosphère putride, que les

passions politiques, que les appétits grossiers
et matériels viennent vicier encore davantage?
Je l'ignore!.. Je vois la société, je vois, hélas!
la France précipitée sur une pente horrible
au bout de laquelle est un abîme affreux! Je
me jette en travers, dût le convoi, prêt à dé-
railler, me passer sur le corps et me broyer!
J'aime mieux cela que d'assister à l'épouvan-
table catastrophe qui est là-bas, qui est là, peut-
être à quelques pas!

La lutte du bien et du mal subsiste depuis la
naissance du monde. Les ferments de l'un et
l'autre principes sont à l'état latent dans l'u-
nivers. Heureuses sont les nations, heureux
sont les hommes qui ont compris que le bien
seul produit le bonheur!

Le mal a pris toutes les formes, depuis le
serpent de la Genèse jusqu'à Proudhon et tous
ses satellites. Si l'Humanité, malgré l'éclat de
notre civilisation, malgré l'influence salutaire
de la religion, ne sait plus distinguer l'un de
l'autre : gare au dixième avatar! gare au nou-
veau déluge! gare au chaos!..

Mais je ne veux pas désespérer de mes con-
temporains, de mes compatriotes surtout. La
justice, la vérité, la vertu, trouveront encore
des organisations susceptibles de les compren-
dre, de les sentir, de s'en pénétrer et de perpétuer l'œuvre de Dieu !

PREMIÈRE PARTIE.

PREMIÈRE PARTIE.

D. Qui est-ce qui a pourvu à la subsistance de l'homme?

R. C'est Dieu qui a doté la terre de la fécondité perfectible.

D. Est-ce que la terre produit d'elle-même tous les fruits que nous voyons et qui servent à nos besoins?

R. Non. Si la terre n'était pas cultivée, elle ne donnerait que des fruits peu abondants et sans saveur.

D. Est-ce le travail de l'homme qui développe les productions bienfaisantes de la terre?

R. Oui. Par le travail, l'homme augmente toutes les conditions de son bien-être matériel, de même que, par l'intelligence et la vertu, il s'élève au premier rang parmi toutes les créatures qui sont sous le ciel.

D. Le travail n'a-t-il rien de pénible ni d'humiliant?

R. Il est des travaux fatigants et pénibles; mais, loin d'être une cause d'humiliation, le travail est un devoir sacré; il élève l'homme et l'ennoblit.

D. De quoi devons-nous donc rougir?

R. De tous les vices en général; mais particulièrement de la paresse et de l'oisiveté, de l'ivrognerie et de l'impudicité, qui poussent l'homme à vivre comme la brute, qui le dégradent par l'infamie, le plongent dans la misère et dans les souffrances de toutes sortes.

D. Le travail appliqué à la culture suffit-il pour satisfaire à toutes les fins de l homme?

R. Non; car si l'homme doit se nourrir, il faut aussi qu'il s'habille, par un besoin de dignité et de pudeur autant que pour se garantir des rigueurs de l'air. Il faut qu'il se loge pour s'abriter contre l'intempérie des saisons. D'ailleurs, pour cultiver la terre, il a fallu façonner des outils. Pour ramasser et conserver les récoltes, pour les appliquer aux mille nécessités de la vie, il a fallu imaginer des moyens ; de là, les diverses professions auxquelles chacun s'est livré selon ses goûts particuliers et son aptitude. De là les échanges; de là l'industrie et le commerce qui ont rapproché les hommes et leur ont fait sentir l'utilité de vivre en société, n'y seraient-ils pas naturellement portés par de doux instincts d'affection et de famille.

D. L'industrie et le commerce ajoutent-ils quelque chose au bien-être de l'homme, aux bienfaits de l'état social?

R. Oui. D'abord parce que le commerce et l'industrie poussent énergiquement l'intelligence vers le progrès, et que, par l'emploi des bras, ils ouvrent une source intarissable de moyens d'existence et quelquefois de fortune aux hommes sages, actifs et économes.

D. Qu'entendez-vous par *industrie* ?

R. C'est le travail ramifié, organisé, de tous les produits obtenus par la culture, ou de tous les trésors arrachés aux entrailles de la terre; c'est le classement par catégories professionnelles des mille et mille objets de première nécessité ou de luxe.

D. Donnez-nous une idée plus large, plus circonstanciée de l'industrie et des industriels.

R. La première industrie, c'est l'agriculture, qui multiplie et perfectionne les largesses de la nature. Ainsi le laboureur, le moissonneur, le vigneron, le berger élevant et gardant les troupeaux, sont des industriels qui produisent les céréales dont nous nous nourrissons ; les lins, les chanvres, le coton, la laine des troupeaux, la soie des cocons, etc., etc., qui servent à nous vêtir. Le meunier, le boulanger, le boucher, sont des industriels qui préparent les choses nécessaires à la nourriture.

Le filateur est un industriel qui réunit tous les filaments du lin, du chanvre, du coton, de la laine, de la soie, pour les rendre propres à être tissés, depuis le gros fil dont on fait des cordages jusqu'aux fils les plus déliés dont on fait des dentelles.

Le tisserand est un industriel qui enchevêtre et croise les fils pour en former un tissu, depuis les toiles d'emballage jusqu'aux damas les plus riches.

Le teinturier et l'imprimeur sont des industriels donnant aux fils et aux étoffes mille nuances, où les couvrant d'une foule de dessins qui les rendent agréables à la vue.

Les brodeuses sont des industrielles qui enrichissent les étoffes en y ajoutant des ornements en relief de coton, de laine, de soie, d'or ou d'argent.

Les tailleurs, les couturières, sont des industriels qui découpent et ajustent les étoffes pour en faire des vêtements, etc., etc.

Le mineur est un industriel qui fouille les profondeurs de la terre pour en retirer les pierres qui servent ensuite à bâtir des maisons ou des monuments, le charbon qui nous chauffe et fait fondre les métaux ; le fer, que le forgeron façonne de mille manières différentes ; le plomb, le cuivre, l'argent, l'or, qui entrent dans la fabrication de toutes les merveilles que les arts étalent à nos yeux éblouis. La nomenclature des industries qui se rattachent à celle des métaux est innombrable. Les produits qui en sortent sont la gloire de l'humanité, autant que les bienfaits de l'intelligence que Dieu a mise en nous.

Le bûcheron, le charron, le menuisier, l'ébéniste, le sculpteur, sont des industriels qui coupent, dépècent, taillent, ajustent, façonnent le bois, depuis la modeste charrue qui aide à féconder le sol, jusqu'au navire majestueux qui brave les mers et met en communication les habitants de la terre que les océans avaient séparés.

Le tanneur, le corroyeur, le cordonnier, le sellier, sont des industriels qui préparent les peaux des animaux et confectionnent une foule d'objets d'une immense utilité.

Enfin, tous ceux qui travaillent sont des *industriels* reliés entr'eux par des besoins généraux, par un seul et même intérêt primordial qui est au corps ce que l'écorce est à l'arbre.

D. Qu'entendez-vous par commerce?

R. Le commerce, c'est l'échange organisé de tous les objets que le travail a enfantés et élaborés, au moyen d'une valeur intrinsèque et représentative qu'on appelle argent, monnaie ; c'est le lien vivant et personnifié qui unit le producteur et le consommateur. Le commerce est à la société ce que les veines sont au corps ; il transporte les éléments de la vie à toutes les parties du genre humain.

D. Est-ce que le commerce est une chose réellement utile à l'humanité?

R. Oui sans doute : aussi l'histoire nous prouve que les peuples les plus riches ont toujours été ceux qui se sont adonnés le plus à l'industrie et au commerce. Ce sont là des causes infaillibles d'élévation et de prospérité nationales, parce qu'elles réunissent en un seul faisceau tout le génie, toute la sève morale d'un peuple.

D. Comment le commerce peut-il être utile à tout le monde?

R. D'abord, parce que toutes les contrées ne produisent pas la généralité des objets utiles ou indispensables ; ensuite, c'est que dans la nation, dans la famille à l'état primitif, où les besoins se réduisent aux choses de première nécessité, les échanges se font impérieusement désirer, parce qu'on ne peut pas avoir individuellement en réserve tous les produits qui procurent l'aisance et qui assurent l'avenir.

D. Mais les échanges dont vous parlez ne seraient-ils pas mieux et plus équitablement faits, s'ils s'effectuaient entre producteurs immédiatement et sans la valeur représentative qu'on appelle monnaie?

R. Non. D'abord, parce que le temps qu'on emploierait à chercher et à trouver un échangeur serait souvent très-long, et par cela seul rendrait impossible le placement des produits. Car qu'est-ce qui constitue le prix coûtant d'un objet? C'est la matière première, qui par elle-même est toujours peu de chose, et ce sont les jours de travail qu'on a employés à le confectionner. Or, quand on aura consacré quatre jours à l'achèvement d'un objet, verra-t-on sa valeur s'augmenter du montant relatif de deux, quatre, huit, quinze, trente jours qu'on devra employer à en chercher le placement? Ainsi, selon le hasard plus ou moins favorable, une paire de souliers coûtera 3 fr. ou 90 fr., selon qu'on l'échangera le jour qu'on l'aura achevée ou trente jours après. Voyez-vous quel tourbillon, quel chaos cela engendrerait! D'un autre côté, combien d'objets qui demandent un temps très-long pour être fabriqués! L'ouvrier qui travaille et qui reçoit chaque semaine la rémunération de son temps, est bien plus heureux que s'il devait en attendre l'achèvement et chercher ensuite un échangeur. Imaginez un charpentier qui construirait un bateau; il lui faudra un an, peut-être plus, pour terminer son travail. Est-ce que le boulanger, le boucher, le vigneron, qui ne voudront pas être pêcheurs, lui fourniront du pain, de la viande, du vin, pour lui et sa famille, en attendant qu'il ait fini? En supposant que ce charpentier soit parfaitement honnête, est-ce qu'il trouvera un serrurier qui voudra lui livrer des chevilles et des clous, en attendant qu'un pêcheur apporte au charpentier, et à lui forgeron, l'équivalent en poisson de leur travail, de leur bois et de leur fer? Voyez-vous quel gâchis, quels embarras, quelles impossibilités, quels dommages naîtraient d'un pareil système! On est honteux de songer que des hommes, au XIXe siècle, aient pu concevoir et prêcher de pareilles folies sans être conduits le lendemain dans les petites maisons.

D. Une société ne saurait donc être prospère et heureuse sans commerce et sans industrie?

R. Non certainement; car de trois choses l'une: ou il faut que l'homme vive comme les bêtes en broutant l'herbe et en dévorant les êtres plus faibles que lui, et c'est une monstruosité que Dieu n'a pas voulue; ou

il faut que chaque homme soit un ouvrier universel,
sachant tout faire et possédant tous les moyens de fabrication, ce qui est matériellement impossible; ou il
faut que chacun travaille dans sa catégorie, vendant
ce qu'il fait de trop et achetant ce qu'il lui manque à
son voisin. Cette dernière fin étant la seule rationnelle,
la seule profitable à chacun, a été adoptée instinctive-
ment par tous les peuples.

D. Le commerce et l'industrie ne sont-ils pas en
fait l'exploitation de l'homme par l'homme?

R. Cette définition est une des mille rèveries que
des esprits plus ou moins sages, plus ou moins probes,
ont créées pour se faire une popularité qu'ils veulent
exploiter bien plus réellement et à leur profit exclusif.
Car enfin, imaginez un homme qui ne voudrait ni vendre son travail, ni acheter celui de son voisin, afin de
n'être ni *exploiteur* ni *exploité*; cet homme ayant besoin d'une paire de souliers, abattra son bœuf (il faut
admettre déjà la propriété de ce bœuf), il le dépouil-
lera, puis il ira écorcer un chêne (ici encore il faut
admettre la propriété d'un chêne), il pilera, broyera
cette écorce. Il enfouira la peau de son bœuf avec le
tan, et les y laissera trois mois, six mois, un an, jusqu'à ce qu'enfin le cuir soit bien tanné; puis après il
retirera ce cuir et le fera sécher. En supposant ensuite
qu'il ait aussi un champ, dans lequel il aura semé du
chanvre, lequel chanvre il aura fait rouir avant de le
mâcher, qu'il aura ensuite filé, cela lui permettra d'as-
sembler les parties de cuir qu'il aura découpées, et
après tous ces efforts, il aura enfin une paire de souliers! A ce compte là, combien ne verrait-on pas de
va-nu-pieds? On devrait bien prier les faux prophètes
qui ont imaginé de si beaux moyens de procurer le

bien-être à l'humanité dont ils se disent les apôtres, de n'être ni exploiteurs ni exploités, et d'aller prêcher leurs niaiseries aux ours blancs de la mer Glaciale, ou aux oies nomades néerlandaises. Là sans doute ils trouveraient des intelligences à leur portée qui les comprendraient.

D. Quand on voit un fabricant recueillir seul le fruit du travail de l'ouvrier, n'y-a-il pas abus ?

R. Dans notre état social, avec notre liberté, avec le système de rémunération quotidienne du travail exécuté, jamais le fabricant ne recueille seul le fruit du labeur commun, puisqu'il donne à l'ouvrier, au jour le jour, le montant, convenu entre eux volontairement, de la main-d'œuvre. Il arrive très-souvent d'ailleurs que le fabricant qui a conçu, combiné, organisé, créé un article quelconque, au lieu d'un succès, au lieu d'une rémunération de son temps et de son intelligence, voit toutes ses espérances déçues, tous ses débours perdus, et ne trouve que la ruine, la misère et quelquefois le déshonneur, par suite de l'impossibilité où il se trouve de faire face à ses engagements.

D. Est-ce que l'ouvrier qui a coopéré à une affaire de cette nature ne devrait pas rapporter au fabricant une partie de ce qu'il a reçu ?

R. Non sans doute. L'ouvrier n'assume pas d'autre responsabilité que celle de travailler consciencieusement ; il exécute les instructions que le patron lui donne. Il ne peut pas aller au-delà. Si sa part est quelquefois moindre, elle est plus sûre, puisqu'il la reçoit sans condition, sans éventualité. C'est là une compensation équitable et toute rationnelle de la mise de chacun.

D. L'ouvrier, le fabricant, le négociant, sont-ils

intéressés dans la même mesure et par les mêmes causes, à travailler de concert?

R. L'ouvrier est obligé de travailler le mieux possible et au plus bas prix possible, afin que, ce qu'il fait s'écoulant rapidement, il ne soit jamais sans ouvrage. Le fabricant est obligé de créer sans cesse des choses ou plus utiles, ou plus nouvelles, et de perfectionner les moyens de production, afin d'obtenir des commandes. Le négociant est obligé de vendre ce qu'il a commissionné ou acheté, soit qu'il gagne, soit qu'il perde, parce que la marchandise qu'il a en magasin serait bientôt sans nulle valeur.

D. L'abaissement du salaire ne peut-il pas être considéré comme une chose fâcheuse?

R. Oui sans doute; mais tout dans ce monde tend naturellement à prendre un équilibre relatif. Un travail trop payé ne tarde pas à manquer, ou parce qu'il se vend mal, ou parce que tout le monde veut en faire. Un objet payé au-dessous de sa valeur ne tarde pas à être augmenté, ou parce qu'on néglige de le faire et qu'il devient rare, ou parce que tous les consommateurs le recherchent; en sorte que les prix se nivellent aux besoins et aux rapports généraux.

D. Mais quand un ouvrage est trop peu payé, peut-on attendre que l'ouvrier le fasse aussi bien?

R. L'ouvrier est le premier intéressé à faire le mieux possible, parce que c'est ainsi qu'il fait élever vers lui le niveau général du salaire. Si parce qu'il est payé au-dessous de ses prétentions individuelles ou au-dessous de la valeur relative de l'article qu'il produit, il confectionne mal ce qu'il fait, il empire sa position en ce sens que le fabricant, ne pouvant placer un objet défectueux ou imparfait, cessera de le faire

faire; tandis que, s'il le vend bien, il pressera l'ouvrier et il augmentera le prix de main-d'œuvre, afin d'en obtenir plus et mieux.

D. N'est-ce pas à la concurrence que sont dus tous les abus dont beaucoup, ouvriers, fabricants, négociants, ont à se plaindre ?

R. Si la concurrence nuit quelquefois, elle a aussi son bon côté. C'est elle qui stimule, qui oblige au progrès. Elle est d'ailleurs impérieusement, naturellement imposée par la force des choses. Dans la lutte des travailleurs et des nations, ce sera toujours le produit le mieux fait et le meilleur marché qui aura la préférence.

D. Mais si les ouvriers, les fabricants, les commerçants s'entendaient, se coalisaient, est-ce qu'il ne leur serait pas possible de forcer ainsi le consommateur à payer un prix plus élevé?

R. Les coalitions en général sont coupables, parce qu'elles jettent la perturbation dans la marche naturelle des transactions sur lesquelles repose fatalement la prospérité générale. Les coalitions engendrent, organisent le chômage, et le chômage est ruineux pour la société tout entière : il est au travail ce que la friche est à la terre. D'un autre côté, il n'y a pas un travailleur qui ne soit consommateur; or, à quoi aboutirait cette coalition universelle ou partielle? Si on paie la journée trois francs au lieu de deux, tout ce que chacun consomme montera dans la proportion, et vous paierez demain trois francs ce qu'hier vous aviez pour deux. Serez-vous plus riche? Encore une fois, ce qui appauvrit c'est le chômage; tout ce qui provoque le chômage est un crime de lèse-prospérité. D'ailleurs il est de toute impossibilité qu'une entente de cette nature existe entre un si grand nombre d'intéressés ; et puis la lutte qui existe d'individus à individus, existe de nation à nation : ce que l'une ne ferait pas, l'autre le ferait et le vendrait.

D. Je ne vois pas pourquoi cette concurrence illimitée ne pourrait pas être réprimée.

R. Il faudrait pour cela violenter le libre arbitre de tous, producteurs et consommateurs. Quand un tailleur a besoin d'une paire de souliers, à qui s'adresse-t-il? Au cordonnier qui lui fournit le cuir le plus durable, le mieux assemblé et *le plus bas prix*. Quand un cordonnier a besoin d'un habit, à qui le demande-t-il ? Au tailleur qui lui donne le plus beau et le meilleur drap, la coupe la plus gracieuse et la couture la plus solide et *le plus bas prix*. Quand le cordonnier et le tailleur ont besoin d'une paire de ciseaux, à qui la demandent-ils? Au coutellier qui leur fournit le meilleur acier, la trempe la plus fine et *au plus bas prix*. Il en est de même de *tout généralement* et pour *tous les hommes*. Il en sera toujours ainsi, quoi qu'on dise et quoi qu'on fasse.

D. Je ne suis pas convaincu, car il est triste de voir tant d'hommes manquer du nécessaire.

R. Ce sentiment a quelque chose de louable au fond ; mais il faut se rappeler que l'homme est sur la terre condamné à une certaine somme de privations et de souffrances. Se révolter contre cette espèce de fatalité et vouloir renverser la société parce qu'elle ne donne pas à tous l'aisance gratuite, assurée, c'est blasphémer contre l'œuvre de Dieu ; c'est travailler à rendre beaucoup plus mauvaise la situation de tous, et notamment de ceux sur lesquels on s'apitoie.

D. Qu'est-ce qui améliore le plus efficacement la situation des travailleurs en général ?

R. C'est un travail continuel et progressif ; c'est surtout un travail lucratif.

D. Qu'est-ce qui contribue le plus à rendre un travail lucratif ?

R. C'est quand il est exécuté par une main habile et exercée, et quand l'esprit, dégagé de toute préoccupation étrangère, se porte exclusivement sur les moyens de perfectionnement.

D. Une profession industrielle doit donc être commencée de bonne heure ?

R. Oui ; car l'intelligence agit sur tout ce qui l'entoure, alors même que les forces physiques ne sont pas encore utilisables. Ce qu'on voit faire à sa mère quand on est encore attaché à sa mamelle n'est jamais problématique ; on se familiarise insensiblement avec, serait-ce le *nec-plus ultra* des choses connues. Ce qu'on voit faire à son père, alors qu'on ne fait qu'épeler la pensée en bégaiements inarticulés, paraît bientôt facile, seraient-ce les choses les plus en dehors des habitudes naturelles, telles, par exemple, que la pêche aux perles, ou les voyages aériens.

D. On peut alors conclure que le fils qui succède au père progresse davantage dans sa spécialité ?

R. Ce principe est vrai en général, en tenant compte toutefois des tendances, des aptitudes, des vocations particulières. Mais ces dernières considérations sont le plus souvent exceptionnelles, et il est sage de chercher à faire marcher son fils dans la voie qu'on a suivie soi-même.

D. Vous disiez aussi tout à l'heure que l'esprit du

travailleur devait être dégagé de toutes préocupations étrangères ; qu'entendez-vous par là ?

R. J'entends que celui qui désire perfectionner son travail et y acquérir une certaine supériorité, doit sans cesse maintenir ses pensées sur les moyens d'exécution, en ne permettant pas à son esprit de se répandre au loin sur des objets étrangers. L'intelligence, c'est la force motrice du travail ; plus vous savez la concentrer sur un seul objet, plus vous obtenez de célérité dans la marche, dans le progrès qui y a rapport. C'est en concentrant le volume d'eau d'un ruisseau sur les aubes d'une roue qu'on met en mouvement tout le mécanisme d'une usine et d'un moulin. C'est en concentrant la vapeur qu'on obtient cette force incalculable qui entraîne avec rapidité sur les voies ferrées une quantité immense de voitures, et qui pousse les magnifiques paquebots contre vents et marées, sur les crêtes des montagnes liquides, ou sur la surface unie d'une mer tranquille.

D. Mais l'homme pris à ce point de vue ne devrait être qu'une machine intelligente ? Ce principe ne répond pas à l'idée qu'on doit se faire des nobles fins de l'homme et des devoirs du citoyen.

R. En disant la déperdition d'activité et d'intelligence qu'opèrent sur l'esprit du travailleur les préocupations étrangères à sa profession, je ne veux pas dire qu'il oublie ce qu'il doit à Dieu, ce qu'il doit à sa patrie, ce qu'il doit à sa famille, ce qu'il se doit à lui-même. Il faut au contraire que tous les hommes en général, que tous les travailleurs, à quelque degré qu'ils soient placés sur l'échelle sociale, se pénètrent de tous les grands principes écrits dans la religion, dans la législation. Pour cela ils n'ont qu'à laisser parler leur conscience et le bon sens. Il ne faut pas qu'ils restent indifférents aux choses publiques ; mais il ne faut pas que chacun prenne ses inspirations pour les seules bonnes. Il ne faut pas surtout condamner tout ce qu'on entend blâmer ; car trop souvent le blâme découle d'une source intéressée à détruire. Il faut que tous concourent dans une certaine proportion au mouvement progressif. Or, le progrès industriel pèse d'un poids incommensurable sur la richesse d'une nation. La grande affaire des travailleurs c'est donc de reculer le plus possible les limites de la célérité et de la perfection de la production, car c'est par là qu'on arrive à dominer le commerce universel auquel toutes les nations sont appelées, et auquel, insensiblement, toutes arrivent à prendre part, d'abord comme partie absorbante pour la consommation, ensuite comme partie fournissante par la production.

D. Ainsi, une nation, comme un individu, est puissamment intéressée à conquérir et à étendre la supériorité industrielle et commerciale ?

R. Oui, elle y est intéressée au suprême degré ; car qu'est-ce qui alimente le travail, c'est la consommation. C'est donc la consommation qui fournit la rémunération du temps, de la fatigue, de l'intelligence du travailleur. Ainsi, toute la marchandise qu'on exporte étant consommée et soldée par une nation voisine, c'est une partie de la richesse de cette nation qui se répand sur le travailleur de celle qui a fourni. Il faut donc tendre à dominer le commerce d'exportation si l'on veut voir la situation des travailleurs s'améliorer.

D. Quelles sont les nations qui ont marché les premières dans les vastes et fertiles champs du commerce et de l'industrie ?

R. L'antiquité nous montre d'abord les Indiens, puis les Chaldéens, les Egyptiens, les Persans, les Arabes, les Grecs, les Romains, qui luttèrent successivement et occupèrent tour à tour le premier rang. Les Indiens ont, de tout temps, été renommés pour la finesse de leurs tissus de laine et la beauté de leurs soieries. Ils possédaient exclusivement et ils possèdent encore les incomparables chèvres du Thibet : ils surent bientôt utiliser leur toison précieuse. Toute l'antiquité civilisée fut leur tributaire, et aujourd'hui encore, malgré les merveilles modernes, leurs châles et leurs foulards sont toujours recherchés en Europe. Les Chaldéens et les Assyriens portèrent très-loin l'industrie des métaux. Leurs chariots de guerre et leurs chars de triomphe étaient d'une grande force et d'une immense splendeur. Leurs armes ont conservé longtemps une renommée justement acquise. Les Egyptiens furent à leur tour très-luxueux ; dans leurs temples et dans leurs palais ruisselaient l'or, l'argent, les étoffes précieuses. Les Grecs eurent de magnifiques ameublements. Les Romains perfectionnèrent les tissus de fil ; leurs tuniques étaient presque toutes en lin très-fin. Tyr, Andrinople, eurent longtemps le monopole des riches et solides teintures.

D. Que faisait l'Europe, et particulièrement la France, pendant la longue période dont vous venez de parler ?

R. L'Europe était alors ensevelie dans les ténèbres de la barbarie. Les Gaulois savaient à peine apprêter les peaux, les fourrures ; ils ne fabriquaient que des tissus grossiers et des armes plus grossières encore, que la valeur de nos ancêtres savaient rendre victorieuses. Tout y était relatif à l'absence de civilisation. La domination romaine apporta dans les Gaules les lois, les usages, les mœurs du plus grand peuple de cette époque. L'agriculture se développa, le travail industriel quitta les langes où l'ignorance le retenait à l'état de chrysalide. Quelque temps après, le christianisme qui nous venait de l'Orient, en nous dotant de sa morale divine, sema aussi les germes du luxe, de nouvelles notions de l'industrie asiatique. Les cérémonies somptueuses de la religion furent bientôt suivies de la splendeur des cours. Mais pendant longtemps tous les objets précieux de décors et de représentation nous vinrent de l'Asie par l'Italie. Venise fut jusqu'au XVIe siècle la ville de transit et de commerce. Sa marine allait chercher tous les trésors de l'industrie orientale et les déversait sur nos marchés. Notez que ce fut là ce qui donna à la ville des doges sa force et sa fortune colossales.

D. A quelle époque la France vit-elle plus particulièrement grandir son industrie et son commerce?

R. Les croisades qui entraînèrent les populations occidentales vers la Palestine, furent une nouvelle et puissante cause du développement de l'industrie européenne. Les chrétiens qui fondaient sur l'Orient pour la cause religieuse, y puisèrent des idées nouvelles de production et de fabrication. Ensuite les mœurs belliqueuses du moyen-âge et la galanterie chevaleresque créèrent ces fêtes brillantes qu'on appela tournois, où de jeunes guerriers couverts de riches habits et d'armures resplendissantes, venaient jouer leur vie pour obtenir un sourire de leur belle et une écharpe ou un ruban qu'elle avait brodé. C'était à qui y déploierait le plus de valeur et le plus de faste. Les besoins recherchent les satisfactions; les instincts industriels

de la nation furent fécondés par les demandes inces -
santes que ces fêtes rendaient tous les jours plus pres-
santes. Sous le règne de François Ier les sciences et les
arts se répandirent en France. De cette époque particulièrement datent ces bonres manières, ce goût
exquis qui se sont si prodigieusement perfectionnés.
La cour de France fut dès-lors le centre de cet empire
de la mode qui assure encore aujourd'hui à notre commerce une supériorité incontestée, pour les choses de
goût, sur tous les autres peuples.

D. Est-ce que la France fut la seule nation au sein
de laquelle le commerce prit racine au moyen-âge?

R. Non, car les mêmes causes agissaient sur toutes
les populations de l'Europe. Le christianisme, base
divine de la civilisation moderne, s'était répandu sur
tout l'occident; la France, l'Angleterre, l'Allemagne
tout entières avaient vu la partie active et intelligente
de leurs populations se précipiter vers l'Orient. Toutes
en rapportèrent les mêmes impressions, les mêmes se-
mences de travail. L'Angleterre, qui, depuis les inva-
sions des Normands, avait été étroitement reliée à la
France, se montra cependant toujours sa rivale en politique comme en industrie. Les champs de bataille
virent souvent les deux nations aux prises. Le camp
du Drap-d'Or fut une expression d'une lutte qui n'est
pas encore terminée; le génie de la France et celui de
l'Angleterre s'y disputèrent la couronne de la courtoi-
sie et de la magnificence. Un peu plus tard les trônes
d'Angleterre et d'Écosse furent occupés par deux reines
jeunes et ambitieuses. Leur beauté, le luxe dont elles
s'entourèrent, autant que leur rivalité scandaleuse, les
rendirent célèbres. Pour satisfaire à tous les caprices
de ces belles souveraines, et aux exigences que leur

exemple faisait naître autour d'elles, l'esprit mercantile de la nation anglaise se mit en travail, et jeta les bases d'une grandeur qui, de nos jours, semble tendre à neutraliser, à étouffer tout ce qui l'environne.

D. Ainsi la France et l'Angleterre se partagèrent le commerce dès le xve siècle ?

R. Oui ; mais l'Italie continua encore quelque temps à nous apporter les soieries et les richesses de l'Orient. L'Espagne, que la découverte de l'Amérique avait placée à un degré de puissance qui eût pu devenir impérissable dans des mains habiles ; l'Espagne, grâce à l'or du Pérou, entra pour quelque temps en lice. Mais le peuple espagnol n'a jamais été travailleur ; la partie active de la nation émigra dans le Nouveau-Monde et alla y fonder deux centres de population qui devinrent deux empires, le Brésil et le Mexique, lesquels se chargèrent d'abord d'envoyer à l'Europe toutes les productions admirables et naturelles de ces climats, tandis que la France et l'Angleterre allaient peupler et fertiliser une partie de l'Amérique du Nord.

D. Les possessions transatlantiques eurent-elles une influence heureuse sur l'industrie des nations européennes, et particulièrement de la France et de l'Angleterre ?

R. La preuve que les colonies eurent une immense influence sur l'industrie et sur la richesse des nations, c'est que toutes s'efforcèrent d'en acquérir, et les plus riches sont celles qui en possèdent le plus. Le Portugal, la Hollande virent leur puissance se centupler tout-à-coup grâce à leur marine et à leurs colonies. Malgré les grandes guerres continentales que la France et l'Angleterre se firent mutuellement en s'appuyant sur les autres nations du continent, soit

l'Espagne, l'Italie et l'Allemagne, l'une et l'autre portèrent leurs efforts vers la marine. A l'époque du siècle
de Louis XIV, les possessions d'outre-mer des deux
grandes nations se balançaient; leurs marines étaient
sur un pied presque égal en puissance; les colonies
françaises équivalaient les colonies anglaises. Mais
vers la fin du règne de Louis XIV, la marine française
fut ébranlée, battue, distancée! Depuis lors elle n'a
pas pu, elle n'a pas su se relever. Pendant la minorité
de Louis XV, l'immoralité, la débauche, firent dériver
et neutralisèrent une partie de l'énergie nationale. La
marine française languit, nos colonies souffrirent, le
commerce intérieur se ressentit de ces causes d'amoin-
drissement. Pendant les trois quarts de siècle que
dura ce règne néfaste, un système dilapidateur inqualifiable vint encore aggraver la situation. L'Angleterre
en profita, et porta tous ses efforts vers la marine;
elle augmenta considérablement ses colonies, et son
commerce prit un développement inappréciable. A
l'époque de la révolution de 1789, pendant la durée de
la République et de l'Empire, elle saisit toutes les occa-
sions de nous dépouiller de nos possessions maritimes,
soit en se les appropriant, soit en les détachant de la
mère-patrie; et lorsque la France épuisée d'hommes et
de finances dut subir l'invasion étrangère et les traités
de 1815, l'Angleterre se flatta d'avoir abattu pour
toujours notre génie commercial en nous enlevant tous
les moyens de lutter contre elle

D. Est-ce que la France est restée longtemps dans
la situation précaire et fâcheuse où l'avait mise l'épui-
sement produit par ses luttes intérieures et par la
guerre qu'elle eut à soutenir contre l'Europe coalisée
pendant trente ans?

R. Non. Dès les premières années de la paix, nonobstant le peu d'union qui régnait dans la nation, le génie de la France déploya ses ailes, et porta vers l'industrie, les beaux-arts et les sciences, le travail intelligent de la nation. En peu de temps on vit éclore des merveilles. Le mouvement commercial prit un nouvel essor. La France eut bientôt reconquis une partie de son importance et de sa prépondérance européenne.

D. Est-ce que ce n'est pas la France qui, de nos jours, tient le sceptre du commerce?

R. Il est incontestable que la France recèle le feu sacré plus que toute autre nation : elle crée, vivifie, épure et perfectionne ce qui anime l'univers commercial. Elle dicte des lois d'autant plus puissantes, qu'elles s'imposent sans élaboration parlementaire. Elle fixe la forme, la couleur, l'ornementation des costumes, des étoffes et des ameublements. De tous les points du globe on vient à Paris s'initier à cette science sans rudiment, à cette législation sans code, à cette religion sans évangile, si l'on peut parler ainsi, à ces besoins sans causes sérieuses qu'on appelle la mode.

D. Pouvons-nous espérer que cette domination aussi douce que généreuse se perpétue et reste l'apanage de la France?

R. La légèreté, la frivolité, qui se retrouvent toujours au fond du caractère français, jointes à tout ce que les arts ont chez nous de parfait, de fini, de bon goût et de pureté, semblent promettre à la France une couronne perpétuelle. Mais pour cela, il est fort important que chacun s'éclaire sur ce qui se passe autour de nous, afin de ne pas se laisser abuser par des illusions qui tôt ou tard nous seraient funestes. Toutes les nations tendent à l'émancipation commerciale ; tous les gouvernements s'occupent d'inféoder, d'implanter, d'enraciner chez eux l'industrie. Tous les États de l'Europe, et même d'Amérique, sont aux prises. L'Allemagne fait des soieries communes, des verreries, des cristaux, des tabletteries meilleur marché que nous. La Belgique, la Hollande, font des toiles et des fers supérieurs et meilleur marché que les nôtres. La Suisse fait des tissus à très-bas prix et des broderies fines préférées aux nôtres. L'Angleterr , qui, comme je le disais tout à l'heure, nous a saisis corps à corps, est à la piste de toutes nos inventions. On n'enfante pas une machine, on ne crée pas un dessin, on ne perfectionne pas une méthode, qu'elle n'en ait de suite la copie. A tous les avantages que lui donne sur nous l'immense précision de ses mécaniques, son climat nébuleux vient encore ajouter ses influences atmosphériques : ses filés sont supérieurs aux nôtres. Elle possède en outre des mines de charbon d'une qualité et d'une abondance incomparables. Toutes les industries qui s'embranchent sur la métallurgie sont poussées à un haut degré de perfection et de bas prix.

D. Il paraît bien difficile alors de voir la France arriver au niveau de l'Angleterre, ou à dominer le commerce européen ?

R. Sans doute ; mais la France possède une foule d'éléments de succès qui lui sont propres et qui ne lui feront défaut que si le bon sens et l'instinct de la conservation désertent notre patrie, et cela est impossible ! Cependant il est temps que nous serrions nos rangs. Que le fabricant évoque son génie et crée des

innovations heureuses! Que le commerçant retrempe
son énergie! Que l'ouvrier redouble de dextérité, d'activité! Que tous s'unissent loyalement, cordialement
pour défendre la cause commune!....

D. N'y a-t-il pas quelques causes sociales qui contribuent à l'élévation de la nation et du commerce en
Angleterre?

R. Les travailleurs anglais, quels qu'ils soient,
ouvriers, patrons, commerçants, négociants, armateurs, etc., etc., possèdent un sentiment de nationalité à toute épreuve. Ils sont Anglais avant tout. Nulle
part l'autorité, le gouvernement, qui est la personnification de la nation, n'est aussi respecté; en revanche
nulle part la liberté n'est plus large. Cet esprit de discipline, de subordination, loin de nuire à la dignité
individuelle, l'élève. Au yeux d'un Anglais, ce qui profite à la nation anglaise profite au citoyen. De là cette
harmonie précieuse, cet accord parfait, qui contribuent tant à la prospérité d'une nation. Pendant que
la France épuise ses capitaux, use sa sève, frelate
son esprit public en faisant une révolution tous les
quinze ou vingt ans, l'Angleterre se consolide sur ses
bases, pousse des rameaux vigoureux, voit jaillir
toutes les sources de travail. Pendant que nous employons notre temps à controverser des utopies, pendant que nous plaçons nos capitaux sur des châteaux
en Espagne, pendant que nous fondons des ateliers
nationaux, où tout le travail consiste à jouer au bouchon, pendant que nous faisons des manifestations
pacifiques et des barricades, pendant que nous tuons
nos frères au nom de la fraternité, pendant que nous
appauvrissons tout le monde au nom de l'humanité,
pendant que nous faisons fuir une partie de la popu-

lation au nom de la liberté, l'Angleterre perfectionne et multiplie ses fabriques. Elle construit des frégates à vapeur, des paquebots transatlantiques, elle parcourt toutes les mers, elle fouille toutes les baies, elle fonde des comptoirs sur tous les points du globe, elle ouvre des débouchés pour ses produits, elle s'empare de toutes les colonies qui promettent un résultat actif.

Laquelle de la France ou de l'Angleterre est la plus sage?

Je vous avoue que je n'ose prononcer ; descendez au fond de votre conscience et répondez.

DEUXIÈME PARTIE.

DEUXIÈME PARTIE.

——◄○►——

D. A quoi peut-on reconnaître qu'une nation est appelée à vivre longtemps et à s'illustrer?

R. C'est quand gouvernants et gouvernés prennent au sérieux les vérités primordiales et toutes les vertus privées.

D. Qu'entendez-vous par vérités primordiales?

R. Les vérités primordiales sont les sentiments, les appréciations qui se retrouvent toujours au fond du cœur de l'homme, soit à l'état primitif, soit à l'état civilisé, soit à l'état dégénéré, et qui dominent tous ses instincts, tous ses penchants bons ou mauvais. Ainsi, *la foi*, *l'espérance* en Dieu sont des vérités primordiales. *La société* ou le besoin de vivre entouré de ses semblables, en coordonnant ses droits, sa liberté, ses actions aux droits, aux libertés, aux actions des autres hommes, est une vérité primordiale. *La famille*, avec toutes les affections nobles, tous les sentiments élevés qui en découlent, est une vérité primordiale. *La propriété* à tous les degrés, qui est la conséquence du travail, lequel est lui-même une conséquence du besoin d'augmenter son bien-être et se reliant à l'instinct de la conservation, est une vérité primordiale.

D. Qu'entendez-vous par vertus privées?

R. Les vertus privées sont celles qui rayonnent autour de l'homme simple et modeste, actif et économe, probe et désintéressé. Les vertus privées les plus précieuses sont : *la charité* ou bien *la fraternité*, ce qui est la même chose, *le dévouement à sa famille, la tendresse paternelle, le respect filial, l'équité, la droiture de cœur et d'esprit, la tempérance,* LA STABILITÉ, *le travail, l'ordre* ou *l'économie,* et par-dessus tout *l'empire sur ses passions.*

D. Ainsi, la *vie* et la *prospérité* des nations sont subordonnées au plus ou moins de sagesse, au plus ou moins de moralité qui se développent dans les mœurs?

R. Oui ; la vie et la prospérité d'une nation, comme d'un individu, sont absolument relatives à l'emploi plus ou moins sage que tous et chacun font de leurs facultés intellectuelles et matérielles. — Ainsi, la félicité, le bonheur, le bien-être, sont inséparables d'une vie pure, d'une activité intelligente, d'une appréciation rationnelle des choses de ce monde, ou, si vous voulez, de la lucidité, de la rectitude de jugement.

D. Qu'est-ce que la félicité, le bonheur?

R. La félicité, le bonheur, c'est l'harmonie parfaite, c'est la douce quiétude, c'est l'équilibre divin, qui s'établissent dans l'esprit et dans le cœur de l'homme qui comprend bien ses devoirs envers Dieu, envers ses frères, et qui s'attache constamment, sans relâche, à les exécuter fidèlement.

D. Mais toutes les vertus angéliques, toute la pureté céleste, sont-elles conciliables avec la nature humaine?

R. Dieu, en nous créant, nous a composés d'esprit et de matière. Il a laissé à ces deux principes si différents leurs appétits particuliers. — L'esprit tend constamment vers le ciel; il rayonne vers le Créateur, il est en quelque sorte une émanation de sa divine sagesse, un atôme de sa toute-puissance, une parcelle de sa bonté infinie, un jet de sa vie immortelle. Dieu a mis en nous le germe de tous ses attributs inappréciables. Tout ce qui est illimité, infini en lui, il nous l'a donné limité, fini, réduit au terme nécessaire pour s'allier au corps et l'animer. — Voilà notre âme faite à l'image de Dieu — Le corps, au contraire, est sans cesse appelé à toutes les satisfactions brutales. Ses convoitises sont ardentes, désordonnées. Il vise opiniâtrément à l'asservissement de l'âme. Et pourtant malheur à lui s'il acquiert trop d'empire! Car les passions qu'il allume lui font expier dès ce bas monde sa tyrannique domination. Toutes les déplorables conséquences des vices retombent d'abord sur lui : c'est lui qui souffre matériellement. Qu'un homme soit paresseux, gourmand, ivrogne, impudique, méchant, orgueilleux, envieux, voleur; la surexcitation du mal amène les maladies, les infirmités, les soifs dévorantes, qui viennent torturer le corps et la partie imparfaite de l'âme qui y reste jointe. Plus l'homme descend vers la bestialité, plus il s'enfonce dans la dégradation, plus il se familiarise avec le crime, plus l'âme perd des éléments surhumains qui agissaient d'abord en elle pour l'élever, plus les facultés perfectibles qui la faisaient aspirer vers Dieu perdent de leur énergie salutaire. Tous les bons instincts s'effacent, tout ce qui prédispose au bonheur pur s'annihile. C'est là ce qu'on appe le *l'abrutissement*. L'âme ainsi réduite à cet état monstrueux, pour avoir abdiqué par faiblesse, ne possède plus cette sensibilité merveilleuse qui la faisait

tressaillir, se dilater aux doux noms de père, de mère,
d'époux ou d'épouse, de fils, de frère, de sœur, de famille, d'humanité, de patrie, de Dieu !..... Il lui reste
à peu près ce que les animaux possèdent : l'idée de la
conservation, et avec cela toutes les facultés du mal,
susceptibles d'être portées aussi loin que l'imagination
puisse le concevoir, selon que les circonstances dans
lesquelles l'individu est appelé à vivre viennent plus
ou moins irriter et provoquer ses mauvais penchants.

D. Mais alors, que deviennent ce que vous appeliez
tout à l'heure les vérités primordiales qui se retrouvent toujours au fond du cœur de l'homme?

R. La raison reprend quelquefois son empire, et
alors les aspirations vers le bien ramènent insensiblement dans l'esprit tous les principes doués de quelque
fécondité. — Telle une terre brûlée par les ardeurs
intempérées d'un soleil tropical, perd sa parure, n'offre
plus à la vue qu'un horizon aride, désolé, et semble
privée à tout jamais de sa verdure, de ses fleurs, de
ses moissons ; mais bientôt les cataractes du ciel
s'ouvrent, des torrents d'eau viennent inonder et ra-
fraîchir le sol, une colonne de vapeurs tempérées et
humides s'établit à travers les pores de la couche végétale, et soudain tout renaît, tout prospère. Les fleurs
et les fruits se déroulent et grossissent, parfumés et
suaves. — Ainsi l'homme qui a abandonné la vertu et
la pureté, en se laissant dessécher, brûler par le feu
des passions, peut reconquérir les prérogatives auxquelles il était appelé, et marcher vers les nobles fins
que Dieu lui a assignées, en faisant revivre et refleurir
dans son âme tous les sentiments qui sont propres à
son essence.

Le mal poussé à ses dernières limites, à l'incurabi-

lité, est une exception très rare ; mais dans ce cas là
même, les vérités primordiales ne se retrouvent pas
moins au fond de l'esprit. Seulement, elles servent
alors de châtiment à celui qui les a méconnues et mé-
prisées : c'est là que naissent les remords impuissants
et les tortures de l'âme.

D. Qu'est-ce que le bien-être?

R. Le bien-être, c'est la satisfaction raisonnée
de tous les besoins sérieux matériéls de l'homme.

D. Le bien-être peut-il être analysé, défini, régle-
menté?

R. Non, car il est relatif à l'idée que chacun s'en
fait, relatif à l'état de la civilisation et de la prospérité universelles, relatif surtout au degré de modération
dans lequel on sait maintenir et refrener ses désirs.
Ainsi, si nous comparons la position générale de notre
société avec ce qu'elle était il y a cinq ou six cents
ans, nous voyons que tout ce qu'on appelle bien-être
s'est élargi et répandu au point que l'ouvrier laborieux
et économe d'aujourd'hui a plus d'aisance, plus de
jouissances, que la plupart des possesseurs de terres
ou de fiefs aux temps féodaux. Aujourd'hui, chacun a
surtout plus de liberté, plus de moyens dignes et loua-
bles d'élévation que jamais il n'en fut accordé à une
société. Cependant, grâce à quelques mauvais génies,
qui sèment une propagande inqualifiable de matérialisme, grâce à un étalage hypocrite de fausse pitié de
la part d'ambitieux vulgaires ou d'écrivains avides,
qui distillent et vendent quotidiennement toutes sortes
de drogues morales empoisonnées : le jugement faussé,
les convoitises de toutes sortes surexcitées, font que
beaucoup d'individus courent après des chimères, et
ne savent plus jouir en paix de la part de bien-être

qu'ils possèdent ni du véritable bonheur qu'ils ont sous la main.

D. Cette perturbation dans les idées et dans les principes sociaux, à quoi est-elle due?

R. Cette perturbation, ce tourbillon, qui viennent obscurcir le jugement d'une partie de l'humanité, sont dus à la lecture de mauvais livres, de mauvais journaux.

D. Le gouvernement, l'Etat ne devrait-il pas empêcher l'impression et la vente d'ouvrages aussi pernicieux?

R. Le gouvernement ne peut poursuivre que ce qui se publie de directement opposé aux lois. Il ne peut aller au-delà. Car s'il pouvait intervenir à l'avance, et empêcher la publication de certains écrits, il aurait une faculté exorbitante qui n'est pas conciliaable avec une saine liberté. Il pourrait abuser de son autorité selon son caprice ou son intérêt. Mais quand un peuple a atteint la virilité et qu'il a conquis tous ses droits, il est intéressé à les maintenir. Pour cela, il ne faut pas qu'il se laisse abuser, enivrer, illusionner, démoraliser, abrutir. Or, dans ce cas, c'est à chaque membre de la grande famille humaine à faire justice, dans son bon sens et dans sa loyauté, des appâts grossiers et vénéneux qu'on tend à sa crédulité. Quand une plante nuisible pousse dans votre champ, est-ce que vous l'y laissez croître? Quand un reptile se glisse dans votre lit ou dans le berceau de votre enfant, est-ce que vous dormez tranquillement? Non sans doute. Eh bien ! Faites pour les écrits dangereux ce que vous feriez pour l'ortie ou pour la vipère. Si, au lieu d'en agir ainsi, un peuple pousse tout à l'exagération ; — s'il suffit de faire de l'opposition systématique et déloyale au gouvernement pour se populariser; si l'anarchie prend insensiblement la place de l'ordre; si l'insurrection intellectuelle et matérielle s'organisent et prennent la place d'une subordination solidaire et universelle; si ce qui fait la plus grande force d'une société : *la cohésion morale*, est sans cesse neutralisée; si tout devient danger pour la civilisation : oh! alors, la faiblesse des gouvernants, la défection des hommes honnètes et vraiment patriotiques, seraient une calamité... serait un crime... Aux grands maux les grands remèdes! — Quand un navire battu par la tempête, n'obéit plus au gouvernail, que fait un capitaine sage et expérimenté? Il coupe la mâture! il fait pont ras! il sauve les passagers, il sauve la cargaison, il sauve le navire....... Tout l'odieux, toute la responsabilité de ces nécessités fatales retombent sur les imprudents, sur les méchants, qui ont ouvert les outres d'Eole.

D. A quoi peut-on reconnaître qu'un livre ou un journal est bon ou mauvais?

R. Il ne faut pour cela que s'observer un peu sérieusement, et mesurer d'un regard consciencieux ce que l'on éprouve après avoir lu. La raison, le simple bon sens suffisent pour cela. Ainsi, quand vous avez lu un journal ou quelques pages d'un volume, si vous sentez s'exalter en vous tous les bons sentiments; si vous reportez avec amour et confiance votre pensée vers Dieu; si vous trouvez plus de douceur dans les caresses de votre femme et de vos enfants ; si le travail de votre profession vous semble léger; si vous comprenez mieux que chacun *peut* et *doit* s'intéresser à la gloire de la patrie, et y *contribuer* dans la mesure de son intelligence et de sa position par l'acquit de tous les devoirs imposés au bon citoyen ; si les éléments de la vie prennent à vos yeux une teinte favorable, une couleur attrayante ; si vous vous sentez plus de force contre l'adversité, plus de résignation pour soutenir vos infirmités ou vos privations ; oh ! alors, soyez-en sûr, vous avez fait une bonne lecture, continuez !..

Mais si, au contraire, le doute, l'inquiétude sans cause et sans objet s'éveillent dans votre âme; si vous sentez en vous des mouvements de révolte contre Dieu et la nature qui est son ouvrage; si la société vous apparaît sous un aspect sombre ; si les imperfections des choses de ce monde se dressent devant vous comme des fantômes gigantesques et sinistres ; si les baisers de votre femme vous semblent amers et les jeux de vos enfants insipides ; si vous vous sentez entraîné loin d'eux et attiré dans des réunions où vous n'entendez que de mauvais discours sur des sujets plus mauvais encore ; si la viduité d'esprit vous pousse dans des cabarets où vous dépensez le fruit de votre labeur ; si votre état et votre travail vous paraissent plus pénibles, plus fatigants ; si votre courage et votre énergie s'affaiblissent; si le dégoût s'infiltre dans votre esprit; si l'envie vous gagne et vous porte à convoiter ce que vous voyez à votre voisin; si vos charges sociales vous semblent trop lourdes et que vous ne vous acquittiez qu'à regret des sacrifices qui vous sont imposés ; en un mot, si vous entendez gronder dans votre cœur comme le vent qui précède les trombes ; si vous éprouvez quelque chose comme cette torpeur, cette lassitude des membres qui précèdent les grandes maladies; oh ! alors, soyez convaincu que vous avez lu un livre empesté, un journal empoisonné !.. Au nom de Dieu ! au nom de votre patrie ! au nom de vos enfants et de votre propre bonheur,

Je vous adjure de jeter au feu ce volume, ce journal et tous les ouvrages semblables qui vous tomberont sous la main. Le mal qu'ils peuvent faire à vous et aux vôtres est bien plus redoutable que l'ortie ou la vipère.

D. Ceux qui prêchent et qui écrivent sans cesse pour offrir le tableau rembruni, exagéré, des souffrances et des privations imposées à une partie de l'humanité, rendent-ils service à la société?

R. Non, car ce n'est pas en irritant une plaie qu'on la guérit. Quand on veut sincèrement, loyalement, soulager son frère malheureux, on ne lui représente pas la vie comme un fardeau insupportable ; on s'efforce, au contraire, à faire renaître en lui l'espoir qui soutient l'énergie, la résignation qui adoucit le malheur. Si, au lieu d'en agir ainsi, on souffle dans le cœur d'un malheureux l'amertume, le découragement, le dégoût, on le prédispose à l'envie, à la haine. On fomente en lui toutes les mauvaises passions, on en fait un être s'abrutissant tous les jours davantage. On développe en lui la *destructivité* au lieu de la *productivité*. Donc ceux qui jouent ce rôle odieux sont de faux frères, de faux apôtres, de faux humanitaires, de faux socialistes. Ils sont les agents aveugles ou pervers du principe du mal : les Indiens les eussent appelés *Bhairava*; les Perses, les Chaldéens, *Ahriman*; les Egyptiens, *Typhon*; les Grecs, *dieux-infernaux* ; les modernes les assimilent aux *démons*; l'histoire les appellera les *fléaux du dix-neuvième siècle.*

D. La religion n'a-t-elle pas enseigné que les hommes sont tous frères, et qu'ils doivent s'entr'aider, s'aimer les uns les autres ? Les apôtres du matérialisme, qui se parent du nom de socialistes, font-ils autre chose?

R. En effet, la religion enseigne la charité comme

une grande vertu. Elle commande aux hommes de s'aimer, de s'entr'aider les uns les autres ; mais elle commande également l'humilité, elle béatifie la pauvreté.
— Elle veut que l'on châtie son corps, c'est-à-dire que
l'on domine ses passions. Elle veut surtout que toutes
les vertus reportent sans cesse l'âme vers Dieu, comme
la source de tous biens, de toute félicité. Si les socialistes ne veulent que cela, ce n'est pas la peine de
changer de nom : qu'ils se disent chrétiens, et qu'ils
le prouvent par leur conduite.

D. Mais la réforme des nombreux abus qui exis-
taient n'est-elle pas due aux efforts de nos novateurs?

R. Si les réformateurs se bornaient à aider le progrès naturel dans la société, ils feraient acte de sagesse et d'humanité. Mais leurs prétentions étant
exorbitantes, ils sont au contraire un obstacle aux
améliorations. Par leurs provocations dangereuses, en
effet, ils allument toutes les passions, ils déchaînent
toutes les exigences aveugles, ils entendent légitimer
toutes les convoitises matérielles, ils ne mettent aucune
mesure aux satisfactions des appétits grossiers et ter-
restres. Tout leur génie consiste à donner au corps une
multiplication de sens, conséquemment une multitude
de besoins. Non contents de rendre ainsi l'homme une
figure vivante du *tonneau des Danaïdes*, ils veulent
condamner la société à remplir ce tonneau sous peine
de la vie ; car, selon eux, la société doit donner leur félicité, et quelle félicité ! à tous les membres de la famille humaine, ou elle doit être détruite. Mais qu'est-
ce donc que cette société qui doit donner et cette société
qui doit recevoir ?.... Quand bientôt tout le monde
devra recevoir, qui est-ce qui donnera?... Cartouche,
Mandrin, et tous les partageux de leur espèce, se con-

tentaient de demander aux passants la bourse ou la
vie ; — les sectaires de la nouvelle doctrine demandent la richesse, l'opulence, la satisfaction immédiate
de tous les besoins qu'ils créent arbitrairement, non
pas seulement pour dix, vingt, cent mille individus or-
ganisés en bande, mais pour tous les hommes, ou ils
liquideront la vieille société. Quelle philanthropie !
quel progrès !....

D. N'y a-t-il donc plus d'abus à combattre ? ne
reste-t-il donc rien à faire pour améliorer l'état social ?

R. Sans doute il y a encore des abus, sans doute il
y a quelque chose à faire pour l'humanité. Est-ce que
jamais la terre offrira un état complétement satisfai-
sant pour tous ? Ce qu'il y a de plus impérieusement
nécessaire, c'est d'éclairer les hommes, non pas avec
les torches des discordes civiles, non pas par l'incendie
de nos cités et de nos villages, mais avec le flambeau
de la sagesse, de la raison, de la charité, de la concorde, afin qu'ils arrivent à estimer les choses et les
individus à leur juste valeur.

D. Les doctrines que l'on appelle démocratiques-
sociales ne s'appuient-elles pas sur la concorde, sur la
fraternité, sur la raison ?

R. Tous les apôtres de ces doctrines font bien reten-
tir ces grands mots aux oreilles de leurs néophytes :
— ne faut-il pas éblouir pour séduire ?.... Le langage,
les idées, une fois en perturbation, leur tâche devient
plus facile. Ils organisent dans nos villes, sous le pré-
texte le plus futile, une manifestation soi-disant paci-
fique ! Trois heures après des frères s'égorgent comme
des cannibales. La dévastation étend ses ravages; les
flammes montent en gerbes sinistres dans l'espace,
es mères, les enfants, fuient épouvantés et pleurent

leur fils, leur père. — Les grands humanitaires *con-templent ce tableau d'une sublime horreur !*........

......Ils sont excessivement dangereux par cela seulement que leurs conclusions ne se résument que par destruction, — démolition, — liquidation : pour cet ordre d'idées et de faits il ne peut y avoir confusion et doute ; on sait ce qu'ils veulent tous. Autres choses sont la reconstitution, l'édification, la réorganisation : ici, tout est mystères, systèmes, monomanies, problèmes, monstruosités. L'imagination la plus détraquée fait seule tous les frais des plans de ces fameux architectes, qui, certes, sont bien loin d'être d'accord entre eux.

D. Ne serait-il pas prudent de faire quelques concessions à ces empiriques, ou bien de les forcer à expérimenter leurs systèmes au grand jour ?

R. Aux yeux des fanatiques, toute concession est faiblesse, et toute faiblesse un encouragement décerné à leurs utopies. L'expérimentation ne ferait que perpétuer le chaos dans lequel flottent leur orgueil et leur folie. Peut-on raisonnablement proposer à un homme de solder les rêveries de son voisin ? Que ceux donc qui prétendent avoir découvert la pierre philosophale, ou l'Eldorado, ou l'Icarie, assument toute la responsabilité des mirages ou des hallucinations dans lesquels ils se complaisent, et qu'ils soient mis dans l'impuissance de nuire à l'humanité par la propagation de leur lèpre.

D. Quelle est la véritable signification du mot socialisme?

R. Socialisme dérive du mot social *(socialis).* Il veut dire tout ce qui concerne la société. Il s'applique au bien et au mal, — aux vertus sociales ou aux vices sociaux. Il n'a donc pas un sens exclusif et absolu. Les chefs d'école l'ont peut-être choisi de préférence, à cause de son élasticité, au mot *sociabilisme*, qui n'eût exprimé absolument et exclusivement que tout ce qui tend au bien, au progrès, à l'élévation, à la prospérité, à la dignité, à la moralité d'une société. Soyons *sociabilistes* : mais socialistes , jamais !

D. Pourquoi ne faut-il pas être socialiste ?

R. Parce que, comme je viens de vous le dire, cette dénomination peut devenir le programme du bien comme le programme du mal, et, jusqu'ici, c'est cette dernière signification qui est la seule justifiée par les faits. Le vague, le vide, le chaos, sont les bases fondamentales des funestes prédications des apôtres du socialisme. D'ailleurs, avant de s'embarquer sur un vaisseau, il faut voir comment est composé l'équipage. Avant d'adopter des systèmes qui, au premier coup d'œil, n'offrent que des lueurs douteuses ou sinistres, il faut voir quels sont ceux qui les ont conçus et quels sont ceux surtout qui composent ces nouvelles phalanges.

D. Indiquez-nous donc le moyen de faire cette analyse.

R. Rien n'est plus facile. D'abord considérez qu'il y a deux sortes de socialistes bien disitncts : les socialistes des villes et les socialistes des campagnes. Eh bien, prenez un kilo de chaque et analysez-les successivement.

Dans un kilo démoc-soc des villes, vous trouverez.:

« Hommes de bonne foi, à l'esprit faible, rè-
» veur, contemplatif, qui jugent tout par le cœur
» et rien par l'esprit; qui voudraient réaliser
» sur la terre le bien idéal, et voir les hommes
» à l'état angélique ; 25

Report. 25

Report   25

» Esprits malléables, qui ont pris au sérieux
» toutes les balivernes que des charlatans leur
» ont débitées, et qui n'ont pas vu la duplicité
» dont on les rendait victimes, en les persua-
» dant que les maux de l'humanité étaient
» l'ouvrage des gouvernements et qui plus est
» de la société!   75

» Charlatans qui, découvrant les tendances
» blâmables du siècle vers le matérialisme ou
» le bien-être matériel, se sont faits écrivains
» à tant la ligne et journalistes à la surenchère,
» pour distiller leurs élucubrations plus perni-
» cieuses, plus délétères, plus malfaisantes que
» l'opium anglais imposé aux pauvres Chinois,   150

» Avocats sans causes, médecins sans ma-
» lades, artistes sans génie, poëtes incomplets
» ou incompris, qui, après avoir ruiné leur père
» pour payer une instruction qu'ils ont eu soin
» de laisser au collége, afin de donner toute leur
» adolescence et les premières années de leur
» jeunesse à la dissipation, au libertinage, sont
» arrivés à l'âge de trente ans sans avoir pu se
» créer une position honorable,   100

» Négociants sans tact et sans prudence, fa-
» bricants sans travail et sans initiative, com-
» merçants sans ordre et sans économie, qui,
» ayant compromis ce qu'ils possédaient et
» abusé du crédit dont on les avait gratifiés,
» ont fini par la faillite ou la banqueroute,   100

» Hommes sans moralité, sans frein, qui ont

Report.   450

Report 450

» été mauvais fils, puis mauvais époux, mau-
» vais pères, sans position dans le monde, ne
» vivant que d'expédients et d'intrigues, per-
» dus de dettes et d'honneur, 150

   » Ouvriers sans activité et sans probité, qui
» passent la moitié de leur semaine dans les ca-
» barets, et qui ne vont à l'atelier que pour
» déblatérer contre le patron et contre le tra-
» vail, 150

   » Ouvriers honnêtes, qui se sont laissé gan-
» gréner par la lecture de mauvais journaux et
» par les promesses fallacieuses du petit Mi-
» notaure du Luxembourg, 200

   » Repris de justice à tous degrés, ayant de-
» puis longtemps déclaré la guerre à la société, 50

                     » Total : 1,000

Voici maintenant un kilo démoc-soc des campagnes ; décomposons-le, et nous trouverons :

   « Hommes abruptes, ayant à peine les no-
» tions du juste et de l'injuste, braconniers,
» maraudeurs, qui glanent la nuit des gerbes ou
» des javelles, qui vont dans les bois *broussail-*
» *ler* des hautes futaies ou des baliveaux, qui
» trouvent toujours des objets qui n'ont pas été
» perdus, 400

   » Pauvres manouvriers, ayant vécu toute leur
» vie comme les oiseaux du ciel, ou d'un modi-
» que salaire, qui n'ont que des idées nébuleu-
» ses de la vie sociale, qui croient aisément au

Report 400

5.

Report.   400

» partage des terres, qui jalousent et détestent
» les riches des villages, parce que trop souvent
» les riches des villages sont durs, sordides et

» thésauriseurs, 300

   » Petits propriétaires, abhorrant tous les gou-
» vernements à cause des impôts, parce qu'ils
» ont acheté une chaumière ou un morceau de
» terre en ne donnant qu'un à-compte, et qu'ils
» ont toutes les peines du monde à payer les
» intérêts de la somme hypothéquée. Celui qui
» vient leur annoncer l'abolition des impôts com-
» me conséquence d'un changement de gouver-
» nement a trop aisément raison ; ils le croient,
» sauf à voir augmenter leurs contributions et

» leurs ressources s'amoindrir, 200

   » Coqs de village, qui, les jours de fête, por-
» tent de gros bouquets à la boutonnière et le
» chapeau sur l'oreille ; qui chantent au lutrin ;
» qui lisent les journaux à bon marché, qu'ils
» comprennent comme le latin qu'ils ont écor-
» ché ; qui vont répétant dans les veillées quel-
» ques grands mots, comme des perroquets,
» pensant éblouir les jeunes filles ou bien es-

» pérant devenir maires, 75

   » Propriétaires ambitieux, qui ont échoué
» dans les élections aux conseils d'arrondisse-

» ment ou de département, 10

   » Instituteurs primaires qui, pour quelques
» phrases plus ou moins sérieuses de M. Carnot,
» se croient des Lycurgues et des Solons ; gardes

Report.   985

Report 985

» champêtres qui, parce qu'ils portent un sabre
» rouillé, s'estiment autant que des Brutus ;
» facteurs ruraux ; agents d'assurances qui,
» au mot de république, se sont crus appelés à
» devenir représentants du peuple ou direc-
» teurs d'un bureau de poste,

15

———

» Total : 1,000

Ainsi le socialisme ne compte pour adeptes que les ambitieux, les intrigants, les audacieux, les pervers, les mécontents et les idiots, qui, les uns par calcul odieux, les autres par ignorance, ne reculeraient devant aucun moyen pour soutenir leurs apôtres et les doctrines folles ou condamnables qu'ils prêchent.

D. Quelles sont ces doctrines que vous appelez folles ou condamnables ?

R. Il faudrait des volumes pour donner et analyser ces moyens confus et ces systèmes divers, qui, pour la plupart, n'ont rien de neuf au fond, excepté l'exagération à laquelle on les a portés ; nous allons seulement examiner et vous faire toucher du doigt les principaux sophismes dont on se sert comme d'un levier pour remuer et troubler les esprits et jeter la perturbation dans la société :

1º L'abolition de la famille ; la vie en commun dans une atmosphère harmonieuse. 2º L'abolition de la propriété, le partage du sol, la gratuité du crédit. 3º L'abolition du privilége, fondée sur l'égalité ; l'égalité du salaire ; le droit au travail.

Reprenons et examinons :

« 1º L'abolition de la famille ; la vie en commun. » Il

a fallu un degré d'audace, une somme d'immoralité inexprimable, ou une folie bien grande pour s'attaquer au sentiment le plus indestructible comme le plus saint, le plus sacré, qu'il y ait dans la nature de l'homme. Est-il un bonheur comparable à celui qu'on puise au milieu d'une famille dont tous les membres sont les parties d'un tout? Est-il rien de plus suave, de plus élevé, de plus conforme à tous les bons instincts de l'âme que l'amour conjugal bien partagé, bien compris?

Est-il rien de plus noble, de plus désintéressé, de plus inaltérable que l'amour paternel?

Quoi de plus pur, de plus infatigable, de plus ingénieusement tendre que l'amour maternel?

Quoi de plus touchant, de plus louable, de plus naturel que la piété, la reconnaissance filiales?

Quoi de plus dévoué, de plus estimable que l'amour fraternel?

Certes rien ne contribue autant au bonheur de l'humanité, rien ne contribue autant à la moralité des hommes que ce lien d'affections sans cesse échangées. Est-ce que vous n'avez jamais été attendri à l'aspect d'une famille où tous les sentiments purs, où tous les attachements vrais, où tous les désirs légitimes trouvent leur aliment naturel et leur satisfaction raisonnable? Est-ce que vous n'avez jamais remarqué que les familles les plus unies sont toujours les plus prospères et les plus considérées? Dans une maison aux traditions et aux mœurs patriarcales, toutes les peines de l'âme, toutes les souffrances du corps trouvent un adoucissement immédiat, par des soins, une sollicitude, une sympathie de tous les instants Les chagrins et les joies y sont partagés, les uns pour s'amortir mutuellement, les autres pour se refléter, se multiplier...

Et que nous offre-t-on à la place de toute cette félicité?.... l'isolement, la sécheresse et l'insensibilité de l'âme, la paralysie de toutes les nobles fibres du cœur..... Qu'est-ce que c'est que cette femme avec un mari, un géniteur et des favoris? — Qu'est-ce que c'est que ce soi-disant mari? Qu'est-ce que c'est que ce géniteur? qu'est-ce que c'est que ces favoris?

PROSTITUTION DES PROSTITUTIONS!....

Quels enfants, quels citoyens, cela donnerait à la patrie!—Est-il rien de plus dégradant, de plus dégoûtant, de plus révoltant qu'un semblable état? Il faudrait créer des mots nouveaux pour exprimer ce que l'on éprouve. Mais par quel animal ces hommes-là ont-ils été allaités au-dessous duquel ils ne veulent faire descendre l'homme? Observez les mœurs des bêtes, aussi brutes, aussi féroces qu'elles soient, vous y retrouverez quelque chose du sentiment de la *famille*. Chez quelques uns même, il est merveilleusement ardent, admirablement délicat. Et l'on voudrait l'effacer du cœur de l'homme!... Allez! allez! esprits immondes! vous éteindriez plutôt le soleil!

« 2° L'abolition de la propriété, le partage du sol, » la gratuité du crédit. »

Nous avons déja constaté et démontré que le travail était le point de départ, la raison d'être de la possession de tout ce qui assure l'existence de l'homme, de tout ce qui lui fournit l'aisance, le bien-être, à différents dégrés. Quand un travailleur produit plus

qu'il ne consomme ; comment appelle-t-on la plus-
value, l'excédant? *l'épargne.* — La capitalisation de
l'épargne, c'est la *propriété.* Elle est donc respectable
et sacrée, quelque minime, quelque considérable
qu'elle soit.

Le partage du sol. A toute chose il faut voir le
principe et la fin. Pour bien apprécier les faits, re-
montons aux causes. Supposons un moment que l'u-
nivers sorte à l'instant des mains du Créateur : est-ce
que la terre serait telle que nous la voyons? Nous pou-
vons nous rendre compte de ce que le globe terrestre
a dû être avant que l'action de l'homme l'eût fertilisé,
fécondé, exploité, dompté en quelque sorte. Pendant
une infinité de siècles, la terre a été inculte, que dis-
je! incultivable même dans beaucoup de lieux. Les
fleuves, les rivières, les lacs, les étangs, les marais,
se partageaient le sol avec les forêts, les bruyères,
les arbustes, les ronces, les broussailles. N'est-il pas
évident que les conditions de richesse, de fertilité du
sol, ne sont dues qu'au travail lent et persévérant de
mille et mille générations qui ont défriché, nivelé,
desséché, ameubli, assolé, ensemencé la couche
végétale? Les coups de pioche ou de bêche que nous
donnons aujourd'hui ne sont que quelques coups
ajoutés aux millions de milliards de coups qui ont été
donnés avant nous. Nos découvertes, les perfection-
nements que notre travail apporte dans les divers produits, ne sont que la conséquence, la continuation de
la marche naturelle et progressive de l'œuvre de Dieu.
Notre action ne fait que s'ajouter à l'action qui nous
a précédés. Or, l'action qui nous a précédés a des
droits acquis qui nous sont transmis héréditairement,
de même que nos descendants recueilleront une partie

des résultats de nos travaux. Il y aurait donc iniquité,
déloyauté, à vouloir intervertir violemment cet en-
chaînement successif et rationnel. Il n'y a pas d'état
social possible, si la société ne donne pas à chacun
toutes les garanties de conservation individuelle et de
conservation de la chose possédée.

Je dirai à ceux qui veulent le partage de la terre :
Allez en Amérique; vous trouverez des terrains vagues
qui attendent la main de l'homme depuis la création.
Dépensez là tout ce qui est réellement à vous, c'est-
à-dire votre intelligence, votre travail. On ne refuse
pas un colon. Le gouvernement des États-Unis fait
des concessions de terrain à qui peut, à qui veut les
féconder. Ce n'est donc pas l'espace qui vous manque.
En Algérie il y a aussi des plaines immenses qui furent jadis couvertes de populations riches et labo-
rieuses, et qui, grâce à une désorganisation sociale
assez semblable à celle dont on voudrait nous gratifier,
sont redevenues, comme leurs habitants, à l'état
sauvage. Là aussi vous obtiendrez des concessions.
Travaillez; remuez ce sol, et sachez attendre la ré-
colte; sachez attendre le progrès toujours lent, sachez attendre l'aisance relative à ce que vous saurez
faire. Que si vous êtes déçus; que si cette nouvelle
carrière ne vous donne pas autant de satisfactions,
autant de jouissances, autant de bien-être qu'une modeste profession quelconque dans notre état social ac-
tuel, ne vous en prenez qu'à vous, n'en accusez que
votre insatiabilité, que votre impatience, que votre
irrationnalité. N'en accusez surtout que les faux amis
qui vous ont trompés en vous prêchant des folies, des
choses impraticables, des principes destructifs; que
vous accueilliez en bienfaiteurs, parce qu'ils flattaient

votre ambition, votre orgueil, vos passions......
....

Le capital n'étant que le corollaire, que la représentation mobilisée de la propriété immobilière, ou mieux, un moyen d'échange, un appoint entre ce qu'on donne et ce qu'on reçoit, il est soumis aux mêmes règles que la *propriété*. Il doit être l'objet du même respect, de la même protection. La transmissibilité du capital procure à la société des avantages incalculables. C'est grâce au capital subdivisible et sub-divisé à l'infini, que les transactions industrielles se multiplient, que les fortunes se nivèlent, que le travail quotidien s'alimente et se rémunère. Sans capital, vous verriez bientôt la misère s'étendre sur tout le corps social, qui n'offrirait plus que l'image d'un immense navire, sans agrès et sans voiles, abandonné à tous les caprices des vents, à tous les hasards des flots, à toutes les vicissitudes des tempêtes.

La gratuité du crédit est un non sens comme la gratuité de la confiance. L'une est aussi conséquente que l'autre. Le grand problème social, c'est la conservation d'abord, la multiplication ensuite. Or, rien en ce monde ne peut être gratuit, sauf la chaleur du soleil et l'air que nous respirons. Encore, sommes-nous obligés de modérer ou d'augmenter par des moyens humains la somme qui nous en est dévolue. Tout s'obtient par des procédés naturels, nécessaires. Le crédit gratuit, c'est le travail gratuit, c'est la propriété gratuite, c'est l'existence gratuite, c'est-à-dire *pour rien*; c'est-à-dire : crédit nul, travail nul, propriété nulle, existence nulle ! ....

NÉGATION DES NÉGATIONS !......

« 3° L'abolition du privilége, fondée sur l'égalité.—
» l'égalité du salaire, le droit au travail.' »

Les priviléges proprement dits dont jouissaient quelques familles, quelques individus, sous l'ancienne monarchie, constituaient un abus révoltant. En les faisant disparaître de nos lois et de nos mœurs, on a obéi à l'ascendant de la marche progressive de la raison et de l'équité. L'égalité devant la loi est souverainement juste Mais aujourd'hui, où sont donc les priviléges? Autre chose est l'égalité de fait et l'égalité de droit; où sont donc les inégalités de droit?

Est-on privilégié parce qu'on naît de parents qui possèdent comme ayant hérité, ou acquis par leur travail une grande fortune? Est-on privilégié quand on a économisé soi-même le fruit plus ou moins abondant de son labeur pendant 10, 15, 20, 30 ans, et qu'on parvient à une certaine aisance, à un degré supérieur de fortune? Est-on privilégié quand, après avoir été ouvrier, on arrive, à force d'intelligence et d'activité, de sagesse et de constance à être chef d'industrie et à commander à ceux avec lesquels on a débuté dans sa vie ou dans sa profession?

Est-on privilégié parce qu'on possède en naissant le germe du génie, et que, ce germe se développant par l'éducation, par l'étude persistante et opiniâtre qu'impose un tempérament ardent et désireux d'acquérir, on arrive à être un grand savant, un grand poëte, un grand législateur, un grand capitaine, un grand artiste, un grand industriel?

Tous les degrés différents dans le mérite, dans le savoir, dans la persévérance, dans la perspicacité, dans la prévoyance, dans l'activité, amènent nécessairement des inégalités naturelles dans toute la hiérarchie sociale. Le hasard, la fatalité, enfin, une certaine puissance occulte joue quelquefois un grand rôle dans les événements qui naissent autour de nous. Ces événements sont plus ou moins favorables, plus ou moins susceptibles de tourner au profit de la réputation, de la fortune de chacun. Selon que nous sommes inspirés, nous dominons plus ou moins ces événements, nous les exploitons plus ou moins heureusement. Combien d'hommes vraiment supérieurs, qui ont manqué une occasion qui s'est offerte une seule fois, peut-être, dans leur vie de se distinguer, de se produire dans une carrière enviée et où tant d'autres semblent arriver sans effort !

Les succès, les inégalités de rang, de fortune, de considération, sont donc le résultat naturel, le résultat logique, des priviléges, des inégalités que Dieu a semés dans la nature en général, et dans la constitution physique et intellectuelle des individus en particulier. Dieu vous doit-il compte de la dispensation qu'il fait de ses dons ? Est-ce qu'il n'y a pas des plaines fertiles et des montagnes arides ? Est-ce que le roseau a la force et la taille du cèdre ? Est-ce que toutes les fleurs d'un jardin ou d'une prairie ont la même richesse de nuances et de parfums ? Est-ce que tous les épis d'un champ sont également dorés et chargés de grains ?

Si nous quittons le domaine des choses et que nous reportions notre pensée sur les hommes, je vous demanderai si vous estimez autant l'ouvrier paresseux et ivrogne, qui laisse sa femme et ses enfants mourir de faim, tandis qu'il va dépenser au cabaret l'argent qu'il doit à sa famille, — et le travailleur laborieux, assidu, qui passe ses moments de repos à côté de sa femme qu'il chérit et dont il est aimé ; au milieu de ses enfants pour lesquels il rêve une profession lucrative, un établissement honorable ?

La même considération entoure-t-elle l'homme riche qui fait un noble usage de sa fortune en soulageant les misères qui sont autour de lui, en créant des moyens d'existence aux familles pauvres, par le travail agricole ou manufacturier ; et l'homme riche encroûté d'égoïsme, qui ne vit que pour entasser écu sur écu, qui thésaurise au lieu de faire fructifier son capital par des placements sages ?...

Est-ce que, quand vous êtes malades, vous appelez le premier médecin venu ?...

Est-ce que, quand vous avez des intérêts, des droits à défendre, vous confiez votre mandat au premier avocat que vous rencontrez ?...

Quand vous nommez des représentants de la France qui doivent veiller aux destinées de la patrie, en assurer la gloire et la prospérité par des lois sages, est-ce que vous ne faites pas tomber votre choix sur des hommes probes, éclairés, consciencieux, désintéressés, ayant l'expérience des affaires publiques et un véritable patriotisme, au lieu de choisir des citoyens ignares, à réputation équivoque ; qui ne possèdent que de la loquacité et de la dialectique ; qui n'ont jamais su gouverner leurs affaires personnelles ; qui sont avides d'emplois publics et de sinécures budgétaires ; qui n'ont caressé que des rêves creux et des utopies ; qui n'ont promis que des impossibilités ou des monstruosités sociales ; qui ont déclaré la guerre à tous les gouvernements, à toutes les constitutions, à toutes les lois et à toutes les sociétés indistinctement ?...Vous le voyez donc, l'égalité existe en droit devant la loi, devant vos concitoyens, devant l'histoire.; tous peuvent obtenir l'estime, la considération, la célébrité par une existence digne, loyale, active, intelligente, désintéressée, patriotique.

L'égalité des salaires, le droit au travail, sont encore de ces aberrations d'esprit qu'on est surpris de rencontrer dans la cervelle d'hommes qui ont une certaine apparence de bon sens, un certain talent d'écrivain, une certaine facilité d'élocution, une certaine étude des choses de ce monde. On se refuserait à croire que de semblables sophismes enfantés par un soi-disant ami des travailleurs, aient pu faire des dupes, si l'on ne savait que l'ivresse de l'esprit naît et agit comme l'ivresse du corps : celle-ci par l'usage immodéré des liqueurs alcooliques, celle-là par l'usage aveugle d'une philosophie frelatée.

Et savez-vous pourquoi l'on a fait tant de bruit avec cette anomalie? C'est que Louis Blanc voulait en février 1848 qu'on créât un ministère pour qu'il fût ministre, et que les délégués du Luxembourg qui l'entouraient et qui l'étayaient, comptaient sur un emploi dans ledit ministère... Voilà toute l'affaire !... Aux yeux d'un bon et loyal ouvrier, qui est avant tout homme de sens et homme pratique, est-ce que l'égalité des salaires est juste? Est-ce qu'elle est possible? La paresse, l'incapacité, l'inhabileté, seraient donc encouragées, nourries aux dépens de l'activité, de la capacité, de l'habileté! Qui est-ce qui admet cela, si ce n'est les *gouapeurs* et les *fainéants !*

Le droit au travail n'est que l'une des mille traductions de la haine de celui qui ne possède pas contre celui qui possède. Ce n'est pas le droit au travail qu'on demande, puisqu'il existe; c'est le droit au salaire. Le jour où l'on décrétera que chacun a droit au travail. il faudra décréter la consommation obligatoire. Il y a une corrélation intime, indispensable entre ces deux propositions. Si un tailleur entre chez vous avec son aiguille et ses ciseaux, en vous disant : Je veux travailler ; que ferez-vous si vous n'avez ni drap, ni toile, ni fil à lui donner? Et en supposant que vous ayez drap, toile, fil et une somme d'argent suffisante pour payer la journée de ce travailleur, si vous n'avez pas besoin de l'habit qu'il aura fait, ou s'il résume votre dernière ressource, il faut absolument que vous vendiez cet objet; et dès-lors, il faut faire décréter le droit de placement, le droit de vente; car sans cela le lendemain vous n'aurez plus le sou; et vous ne sauriez plus ni vivre, ni rétribuer le travail de droit du premier travailleur qui entrerait chez vous. A votre tour même, en vertu de ce droit, vous irez chez votre voisin et vous lui direz: Je veux travailler. Si vous êtes avocat, il faudra que votre voisin se crée un procès; si vous êtes médecin, il faudra qu'il se mette au lit et qu'il suive vos ordonnances : le malheureux sera bientôt ruiné ou mort. Qu'est-ce que cela fait? Ne faut-il pas que vous viviez de votre travail?

Suivez bien ces déductions aussi précises que mathématiques, et vous verrez une foule de violences, de vols, d'actes atroces et barbares se produire fatalement, nécessairement, au sein d'une société assez malheureuse pour se laisser jeter dans un pareil chaos:

SPOLIATION DES SPOLIATIONS!....

Ainsi donc, l'abolition de la famille, l'abolition de la propriété, l'abolition de soi-disant priviléges ou le droit au travail sont autant de mirages, de leurres, de mensonges, de turpitudes, de monstruosités que l'on veut déduire d'un principe tronqué : *l'égalité de fait!..*

Mais l'égalité de fait, c'est le niveau; le niveau, c'est l'équilibre; l'équilibre, c'est l'immobilité; l'immobilité, c'est l'inertie; l'inertie, *c'est la mort!*

Est-ce là ce que vous voulez, ô hommes sans entrailles! ô apôtres sans conscience! ô rhéteurs sans logique, qui bouleversez impitoyablement notre chère patrie; qui affamez les pauvres travailleurs en les fascinant par vos prestiges diaboliques ; qui entravez, qui arrêtez l'essor de toutes les industries par lesquelles la France était appelée à règner sur l'univers civilisé, comme elle a su régner par la bravoure de ses soldats, par le génie de ses savants, par l'éclat de sa magistrature à toutes les époques de son histoire. Oui, c'est là ce que vous voulez ! la honte, l'infamie, la barbarie, la mort!...

Mais non ! il n'en sera pas ainsi. Tous ces fléaux retomberont sur vous seuls. Votre ambition pernicieuse, votre félonie, vous mettent déjà au ban des nations; l'histoire offrira votre nom à la malédiction des générations futures. La France régénérée, éclairée, désabusée, verra bientôt refleurir son antique loyauté, sa droiture chevaleresque, la supériorité de son génie et de sa raison, la modération, la douceur traditionnelles de ses mœurs. Tous les sentiments nobles, grands, honnêtes, vont reprendre leur vigueur. Votre règne va finir, Balthazars du matérialisme ! *Mané-Thécel-Pharès.* Dans votre fol orgueil, vous avez cru remuer des montagnes, accumuler des rochers pour escalader le ciel : *Petits Titans!* vous n'avez amoncelé qu'un peu de boue sous laquelle vos désordres d'esprit et vos rêves vénéneux vont être engloutis!..

Voyez vous l'arc-en-ciel du progrès moral s'élever sur l'horizon?

Justice—Probité—Activité—Nationalité—Moralité.